汉 字 中 国

汉字与生活

田舍之 | 著

少年儿童出版社

汉字是一眼泉

——写给小朋友的话

　　我看汉字，是一个个活泼泼的精灵。好多年了，这些古老的精灵常常在时空的缝隙里探出头来，俏皮地眨眨眼，像是与你捉迷藏的孩子。我找寻它们，于是慢慢走近古人，走进五千年文明，时时能捡拾到散落在历史长河边的五彩斑斓的智慧之贝。

　　初识这些精灵是二十几年前的事，不过那时只是猎奇，只是用它们来装点生活，如同路边采撷一枝不常见的野花，簪在发梢，添一分美艳。一件事物，被视作工具时，即便了解得再深刻、掌握得再熟练，都不过是一种技艺，没办法感知温度、触及灵魂，没办法润泽生命、滋养内心的安宁与欢悦。

　　将我唤回正途的是孩子们。十年前，教几个孩子写字，闲暇时，画些甲骨文让他们猜，没想到他们满眼的惊喜，没想到他们可以精准地说出那些符号的本义，甚至可以描述出一个个的故事。那一刻，忽然觉得讲授知识和技艺没那么重要了，那时起，决定和孩子们一起去亲近汉字，带他们探知汉字背后的故事和秘密。

　　我们先开了画字课：列一个主题，试着用最简单的符号表述，看谁画出的"字"最生动、准确。能把复杂的事物刻画得简单、准确，不容易。比如"人"，我们能画出正面直立的"大"的形状，没办法简约成侧身弯腰劳动的形象；比如"天"，我们会画一朵朵的云，会画日月星空，想不出在人的头顶标注出天的意象；比如"问"，我们可以想到一个人询问另一个人的场景，不会简化成一扇门、一张口……

比起画字，孩子们更喜欢看"字"讲故事。"月"，他们会说月牙中的点是玉兔、金蟾、嫦娥或吴刚；"安"，他们说是妈妈等他们回家吃饭；"习"，他们说是春天的清晨小鸟偷偷溜出温暖的窝迎着朝阳练习飞翔，甚至说是被后羿射落的三足金乌飞回来陪昔日的兄弟朝升夕落……

我从不点评，只告诉他们没有对错，没有标准答案，只有思维是否精炼合理，思想放飞得是否足够遥远。我喜欢看他们认真观察、努力思考的样子，喜欢他们自由自在、无拘无束的畅想。我总觉得他们需要这样的抽象与想象，需要感悟那些汉字精灵的睿智，需要在这样漫无边际的遐想中与远古的智慧碰撞、汇通，继而开创自己美好的未来。

有一次，我给他们讲"学"："子"是学生，"冖"是房子，"爻"是知识，上面那双大手是老师。有孩子问："为什么老师的手在教室外面呢？"我没想过这个问题，一下子语塞。后来有孩子说那是天神的双手，说神话故事里人都是和神仙学本事的，包括孙悟空，师父是菩提老祖，所以才有了后来的上天入地、神通广大。这个说法倒是有趣，是否有神仙姑且不说，伏羲画卦、仓颉造字，确是仰观天文、俯察地理而来，而且"神"字的金文，中间是表示贯通天地的竖，两侧就是和"学"字一模一样的倒垂的大手。

孩子们的眼睛里，是干净得没有渣滓的世界，这种纯净，能清洗心霾。好多汉字，是他们启发了我的思考，甚至有些字，是他们教会我该如何认知。

汉字是一扇门，门外是知识，门里是智慧。汉字是一眼泉，汩汩而出的是清澈，濯净澄明的是心田。这十年，感恩那些陪我一起长大的孩子们，感恩那些精灵般的汉字，他们让我不泥陷于知识的海洋，让我窥见传统文化背后的精微与深邃，他们让我在红尘侵染中找回自己，让我在心底种下一抹柔软与清明。

这些年，我于汉字，如入山寻宝，每有所获，且生命越经历，所得越丰厚。那些汉字精灵，常常在我认知的一步之遥等着我，可当我迈进，伸手去触摸时，又倏地闪到更远处。我曲曲折折地追着它们走，穿越经典，穿越亘古，隐约遇见了光。有时我会想，或者它们不是与我捉迷藏，只是想带我去往它们生出的地方。那里，一定很美好。

写这套书，写这些文章，心里只有一个念头，若是孩子们能随我同去，该有多好。

田舍之
戊戌夏至于潮白河随寓

目 录

长成一棵开花的树

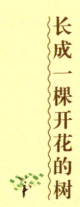

小时候，养过花儿，种过树。

　　花儿是在一个陶盆里养的。春天，挖些湿润且带着清香的土铺在盆子底下，撒几粒种子，埋好，按实，浇些水，放在阳光能照到的地方等待。那时心急，每次放学回来都要去看，盼着它能快点儿发芽、长大……

种树是在我们家院子里。严格说也算不上"种"，忘了啥时候吃的桃子，核儿被随手扔到院子里，那个春天，竟然长出一棵小树。很喜欢这株新的生命，常常会去看它，觉得它渴了，就会去浇水。那个春天很快乐，眼看着它长大，长得比我还高。后来，它慢慢长成一棵大树，会开出粉红的花儿，会结出甜甜的桃子……

怀念那些日子，很简单、很干净。那些花草树木是我的朋友，陪着我成长。后来的好多年，忙着学习，再没心思关注它们，直到接触那些古老的汉字，才又想起曾经的童真与纯粹。很多好玩儿的字都和花草树木有关，我们的祖先也把它们视作朋友，赋予和我们一样的感情与生命，比如生命的"生"，就是草木在地面上生机勃勃的形态。

草木　　　地面　　　生机

　　一年有四季，最能体现四季变换的就是草木。春生，夏长，秋收，冬藏，年复一年的生发凋零，是世间花草树木的故事。在这样的故事里，或许我们可以看见自己：春天的时候，我们从大地母亲的怀抱里跳脱出来，遇见阳光，触摸空气，开始感知这个世界；夏天的时候，我们已经长大了，有了坚挺的枝干，生出繁茂的叶，甚至还开出艳丽的花儿；秋天的时候，我们成熟了，枝叶慢慢老去，但根扎得越来越深，身形越来越坚实，最重要的，我们结出了丰硕的果实；冬天的时候，我们散尽了繁华，将所有的神采收归于土地，休养生息，静待春来，静待再一次的萌发绽放……

　　最喜欢春天，喜欢小草慢悠悠生长起来的欣然，喜欢柳芽舒展出的嫩绿，喜欢天地间鼓荡着的希望。四季的名称里，最美好的也是"春"字，很像一幅画：上下是"屮"，小草的形状，中间的"日"是朝阳，右边是"屯"，表示草木刚刚钻出地面。"屯"字很有意思，横线表示土地，土地上面弯曲抱合的部分，应该是刚刚生发的胚芽。这时候的生命是脆弱的，如同我们三五岁的样子，刚刚离开母亲的怀抱，在学着自己走路，学着自己认知这个世界，所以这个字最初有艰难的含义。"春"字的读音应该和这个字有关，或者可以说"屯"最能代表春天。春光明媚的早晨，太阳从草丛里冉冉升起，有一株植物，刚刚冒出土地，虽然艰难，却是满含着生命

的力量与期望，这就是古人心目中的春天。

草　　太阳　　屯　　　草木初生
　　　　　　　　　　　的春天　　　＝ 春

胚芽　　　　土地　　　　刚生出的
　　　　　　　　　　　　草木　　　＝ 屯

　　和"屯"很相近的是"才"，《说文解字》说"才"的含义是"艸木之初"，也就是花草树木最初的样子，后来慢慢衍生出"刚刚""刚才"的意思。春风拂过大地，草木缓缓探出头来，汲取着泥土中的养分，沐浴着酥暖的阳光，然后伸展开枝叶，成长为最鲜活的生命——这很像是篆书的"之"字。《说文解字》对"之"的解读是："象艸过中，枝茎益大，有所之。"意思是草木过了发芽的阶段，枝茎日益茁壮，像是去往成熟的样子。如此，再看这个"之"字，能感受到美好的向往，能回忆起我们青少年时憧憬未来的模样。所以古人后来在"之"字下面加了"心"，表示"心之所向"，也就是内心追求的目标与方向。草木都是朝着太阳生长的，人的志向也应该是阳光、积极、健康、高远的，用草木的成长来比喻我们的理想真是再形象不过了。

地面　　　草木　　　草木之初

之 + 一 → 之 = 之

枝茎　　　地面　　　枝茎益大

之 + 心 → 志 = 志

之　　　心　　　心之所向

　　到了夏天，我们渐渐长大了，生了根，可以独立地学习、生活和面对世界了，这很像是"之"长成了"木"。再后来，会开出绚丽的花。"花"最早的字形很具象，很分明地标志着花萼、花瓣、花蕊的形状，尤其是片片下垂的花瓣，很生动、很灿烂。《诗经》里有"桃之夭夭，灼灼其华"的句子，就是描述桃花妖娆绽放的样子，其中的"华"

就是"花"的本字。

丨 + 茇 → 苿 = 花

枝茎　　　　花朵

古人很重视"华",因为它有着文明与美好的象征。中国古称"华夏",据说"夏"表示礼仪之大,"华"表示服饰纹章之美。服饰纹章展示了我们祖先的智慧与文明,用绽放的美丽花朵来比拟我们的国家,也算是一种诗情。

花开之后,便是结果,"果"字的甲骨文是硕果累累的样子。果实成熟是在秋天,但果的孕育和出现却是在春夏。还有一个字,介于"花"和"果"之间,下面是根茎、枝丫,上面是下垂的花果的形状，这个字就是现在的"朵"。果是花的意义，我们喜欢花的美，更欣赏美丽背后的质地与沉淀。春华给我们带来希望，秋实才是真实的收获。有花无果，古人称之为"华而不实"。

树木　　　　　果实　　　　硕果累累

"屯""才""之""木""花""朵""果"……这些字连起来，可以做成一幕动画，可以看到生命的历程。所有的生命，都要经历艰难的突破，都要慢慢地生长，在足够的积淀之后，会开出绚丽的花朵，结出丰硕的成果，从而成就绚丽、真实、圆满的人生。而且，果实中的核儿还会变成种子，埋藏在土壤里，待到来年的春天再开出花儿来。

很怀念小时候那些花草树木，它们长在了我的生命里，带着我走进了汉字，走进了远古的智慧。因为它们，我的生命才生了根，才真正地美好起来。我们都生长在春的生机里，绽放着花儿一般的光艳，但这只是过程，我们是在迎接秋天，我们期待收获生命的价值与意义，那才是我们最终的向往。

春生老花果

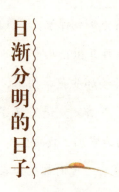

日渐分明的日子

小时候，有两个日子是我总在期盼的，一是生日，一是六一，因为这两天可以理所当然地做自己的主人。我的生日恰好也在六月，于是那些茉莉花开的时节便成了最美的回忆。

成年后，每到六月，就又想起那些时日，童年的纯真与柔软渐渐在记忆的深远处发出光来，于是随手在本子上写字，试着记录儿时的岁月，试着捕捉那些光。几页纸，满是散碎的光阴，于是发呆，于是那些时光从纸面缓缓升腾起来，汇聚成两个字——日子。

无所事事的时候，我常会这样胡思乱想，觉得有趣。甚至会想到"日子"这个词的由来，会把这两个字想象成一个符号——圆圆的圈儿，中间的一个点里，生出光芒……这是甲骨文"日"字的形状。"子"是婴儿的象形，后来借用于表示地支的起始，古人用地支来记录日期，所以有了"日子"这个词。可在我眼里，这两个字融汇成了初升的太阳，光鲜、艳丽且充盈着稚嫩与朝气。

这很像是"旦"字要表述的景象——朝阳初升，不见全日，只是有光，然后天地在黑暗里渐渐明丽出来，古人把这个时段称为

"旦"。

甲骨文的"旦"有几种写法，其中一种是上下两个方块，没有"日"字。《说文解字》中对"旦"的解读是"旦，明也"，这里的"明"是天亮的意思。如果从这个含义再看那些方块，它要表达的或许是天和地：清晨，阳光乍现，一抹晨曦划开了混沌的夜，天和地登时分明起来……后来用"日"字替代上面的方块儿，应该也是为了强调日出而天地分的情境。表示大地的方块儿到金文时演化成一个黑点儿，到篆体时才简化成一条横线。这样看来，"旦"字本初不仅仅是描绘太阳从地平线升起的景象，更是赋予了光明和昼夜之分的内涵。

戊戌夏月
簡山

口 ＋ 口 → 吕 ＝ 旦

天　　　　地　　　　天地分明

日 ＋ 口 → 旦 ＝ 旦

太阳　　　地　　　日出天地分明

日 ＋ 地面 → 旦 ＝ 旦

日　　　地面　　　日出地面

　　和"旦"相对的字是"夕"。"夕"字
的甲骨文是一弯月亮的形状，只是少了"月"
字中间的点。甲骨文的"日"和"月"，中
间都有一个点儿，表示发光，不发光的月亮

即是"夕"——傍晚时候，太阳尚未落山，月儿已经升起，但并不明亮，由此来表示白天即将转入黑夜。古人造"夕"字，估计是为了表达这个意思。由夜入昼，由昼入夜，简简单单的"旦""夕"两个符号，把事物表述得如此清晰。

还有一个字，把太阳和月亮放到了一起。四周是一片草木，太阳藏于其间，右边有一角夕月——如此写意的一幅画面，是甲骨文的"朝"字。清早，草木葱茏，红日徐徐升起，残月还未落尽，人处画中，除了宁静，必能感受到一种生机勃勃的朝气。其实"朝"字在《说文解字》里的注释就是"旦"，它们表达的是一个意思，之所以在极尽简净之后还要繁杂，我能理解到的，只能是不得不抒发的美好。

草丛 ＋ 日 ＋ 夕 → 日出月未落的早晨 ＝ 朝

日出之后，太阳慢慢浮出草丛，升到草木之上，就成了"旱"。继而，人们离开家门，迎着朝阳，手执石锄开始劳动，这是"晨"字的形状。再后来，日上三竿，天已大亮，于是有了表示明亮的"杲"。

日 ＋ 草木 → 太阳浮于草木之上 ＝ 旱

持锄劳作　　＋　日　→　早晨离家
　　　　　　　　　　　　开始劳动　　＝　晨

日　＋　树木　→　明亮　＝　杲

昏晚

　　还有我们常用的"是"字，最初也和日出日落有关——时值正午，阳光直射地面，仍在劳作的人们以手遮阳，这是最早的"是"字的形状。之后，太阳慢慢低垂，时近黄昏，于是用表示低的"氐（后来简化成了氏）"和"日"组成了"昏"。后来，太阳落下树梢，于是就有了表示昏暗的"杳"。再后来，夕阳西下，落到草丛里，成了"莫"，也就是后来的"暮"字。

日 + 又 + 止 → 正午劳作 = 是
日　　手　　脚　　正午劳作

低 + 日 → 太阳低垂 = 昏
低　　日　　太阳低垂

树木 + 日 → 日落树梢下 = 杳
树木　　日　　日落树梢下

草丛 + 日 → 日落草丛 = 暮
草丛　　日　　日落草丛

日暮之后，即是傍晚。"晚"字很有意思，右边的"免"有免除、脱离的含义，太阳忙碌了一天，该是离开的时候了。古人日出而作、日落而息，也是结束劳作的意象。也有人说"晚"字中的"免"是挽留的"挽"的简写，这就更有意境了：人们见日落，觉得这一天要结束了，恋恋不舍……

日 + 免除 → 太阳离开，人们恋恋不舍 = 晚

　　和"日"有关的这些字，很有画面感，很有味道。这可能就是汉字独有的魅力。象形、指事、会意，看起来很简单的一些符号，描述的却是一个个鲜活的生命与意象。一直

觉得古人不是为了机械地应用而造字，面对自然，他们有一种美好的情怀。汉字，是不能当工具和知识去学的，它们是一扇门，要用心去叩开。

日子，由这些真实而美好的汉字串联起来，自然变得细腻生动了。这样想着想着，顺手把这些代表时光的符号依次画在本子上，然后把自己这一天的过往记录在下面，便成了一篇有趣的日记。

日子本该是这样日渐分明的。记录过往，不仅仅是感慨时光的流逝，更是对当下的珍惜。日日是好日，时时面对阳光，人也就慢慢纯粹、温暖起来。

月亮与诗情

前几年我给学生讲过一节课，关于月亮。我说月亮里住着一个叫嫦娥的女子，还有伐树的吴刚、捣药的玉兔……有个孩子站起来，说我说的不对，月亮上什么都没有，只有一个个的坑，我们在科学课上学过……

听了学生的话，我好半天没回

过神儿来，不知道该从哪儿说起。我放弃了准备好的神话故事，开始顺着他们的思路讲科学。我们讲到了月圆月缺，讲到了月儿圆缺的周期，讲到为什么三十天被称作一个月。当我讲到阴历的初一、十五，同学们不懂什么是阴历，于是又开始讲阴阳……

古人是把天地万物归结为阴阳两种属性的。比如白天为阳，夜晚为阴，比如温暖炙热为阳，清凉寒冷为阴，比如日被称作太阳，月被称作太阴。古代是以月亮的圆缺计日的，所以我们原来用的历法被称作"太阴历"，简称阴历。那么，每月初一和最后一天，古代用哪两个字表示呢？

阴历每月初一叫"朔"，"朔"的左边是"屰"。最早的"屰"，像是一个头朝下的人的样子，表示方向相反，后来引申出回转的含义。月亮由圆到缺，再由缺到圆，周

而复始，古人把由缺回归圆的起点定为每月的第一天，所以用"屰"和"月"组成"朔"字来标志一个新周期的开始。《说文解字》中对"朔"的解读是"月一日始苏也"，"苏"是苏醒、复苏的意思。在古人眼里，月亮是有生命的。

回转　　　　月　　　一个月的新周期

　　每月的最后一天被称作"晦"，这个字更有意思。最早的"晦"是由"月"和"黑"组成的，很明显是在表示月光昏暗。月儿由圆到缺，以至于最后一天看不见，所以古人用"月黑"来表示阴历每月的最后一天。有

趣的是后来这个字的篆书变成了由"日"和
"每"组成，"每"的甲骨文下面是"母"，
上面像是"生"的简写。如此，"晦"字很
像是在孕育新的"日子"，而月末的"黑"，
便是母亲分娩前的寂静了……

月　　　　黑　　　月光昏暗

日　　　　每　　　孕育新的日子

　　有作息，有孕育，从这些日子的命名和
造字可以看出古人有多爱月亮。还有一个字，

表示每月十五月亮最圆满的时候——"望"。

"望"字最初和月亮无关，甲骨文的"望"字，上面是竖立的眼睛，下面是"壬"，好像一个人站在土堆上，表示踮起脚，登高远眺的意思。到金文时，才在原来的字形上加了"月"，开始表示对月遥望。还有一些金文，把表示眼睛的"臣"改成了"亡"，于是又有了出亡在外、对月怀人、望其远归的含义。

竖目　　　　人站在土堆上　　　　登高远眺

很感慨古人用"望"字来表示满月的十五。圆月象征团圆与圆满，月圆之夜，在外漂泊的人自然会对月生离愁，所以才会有

"但愿人长久，千里共婵娟"的感慨。古人的诗情，在"月"上洋溢出许多美好的汉字与诗文，历经沧桑岁月，仍旧光鲜、温暖。而这样的光鲜与温暖，是"月亮上只有许多坑"所不能替代的。

那一天，我跟孩子们说，我们的生活需要科学的认知，也需要人情与诗情。如此，我们才能成长为更鲜活、更丰满的生命。

029

诗意星空

如今仍能想起的儿时最美好的事之一，是一家人躺在草地上看星星。

那是夏天的夜晚，家里闷热，没电扇，晚饭后父亲便夹着凉席，带我们去学校操场乘凉。我和弟弟妹妹躺在草席上，父母坐在旁边。父亲给我们讲银河、北斗，讲牛郎织女的故事……那时候没觉得浪漫，却感觉是一段美好的时光。

当时的景象至今还历历在目：四周静谧，没有高楼，布满繁星的夜幕，似乎垂落到地上，我体会到了什么叫"天似穹庐"。那是对我天文知识的最初启蒙，至今我常常沉溺于幻想，大概也是那时种下的种子。

我看"星"字的甲骨文，不是符号，是儿时仰望夜空的画面。最早的"星"字应该只有三个"日"，也就是现在的"晶"。古时候三表示多，三个"日"叠在一起，应该不是指很多个太阳。"日"字中间的点表示发光，夜空中有很多闪烁发光的星体，大概就是"晶"字的本义。

031

后来"晶"字关于星群的含义消失后，古人又另造了一个字——五个均匀分布的不规则的小方块，环绕着"生"字，表示"星"。"生"的甲骨文，上面是一株小草，下面是

土地，表示草木破土萌发，后来引申出从无
到有的意思。

生　　　　群星　　　纷繁的星空

　　傍晚，夜幕徐徐降临，纷繁的星星渐渐
闪现在巨大而空寂的天幕上，慢慢归于宁静
的天空因星光的存在而泛起萌萌的生机……
古人借"生"来造"星"字，满满都是诗情。

　　中国人最早认识的星星是北斗星。"斗"
的甲骨文很像是有手柄的大勺，用这个字命
名那七颗星实在是再准确不过了——四颗星
围成勺口，三颗星依次连成勺柄。如此巨大
的一把"勺子"挂在空中，很容易辨认，所

以有"认星先从北斗来"的歌谣。

```
ㄇ + 十 → 千 - 斗
勺      手柄    有手柄的大勺
```

天空中的群星会随着时间的推移而变换位置，比如北斗星的斗柄春指向东，夏指向南，秋指向西，冬指向北，所以古人很重视北斗星，常常依此辨别方向，确定季节。

当然也有位置不变的星星，比如北极星就常驻北方，经年不变。还记得当年父亲教我寻找北极星的方法——沿着北斗"勺口"顶端的两颗星延伸出去，大概两颗星的五倍距离处，那颗最亮的便是北极星了。

北极星古代也称"北辰"，因为位置固

定不变，其他众星看起来像是围绕着它转动，所以被古人尊崇为"帝王"的象征。《论语》中孔子说"为政以德，譬如北辰，居其所而众星共之"，说的就是君王若以德治国，便会如北极星一样被百姓爱戴拥护。"德"的甲骨文右侧是"直"字，一只大眼睛坚定地注视着前方，说起来也有点儿北极星坚毅不变的味道。

战国时期的《甘石星经》中把北极星视为天帝，北斗星是他出巡天下驾乘的御辇。

想想真是很像——斗口是车舆，斗柄是车辕，北极星高高在上地站在车舆中，驾车由东至西，历经冬夏，巡视四季，威风八面。

记得那时候父亲说过，天上如同天下，那些星星中有皇帝，有文武百官，甚至还有后宫、厨房和厕所，很多星星都是依照人世间的官职命名的。记得当时我是枕着父亲的腿，听他说着好多听不懂的名字，想着自己或者也是天上的某颗星，然后就去找，然后就睡了……

很怀念那时的星空，很怀念一家人躺在草席上数星星的日子。我们把星星读成诗，我们把简朴的日子过成诗。

清风徐来

037

《世说新语》中有这样一则故事——"刘尹云:'清风朗月,辄思玄度。'"没头没尾的一句话,忽然就撞到心上,轻轻柔柔的。刘尹说:"夜深人静,月朗星稀,若有清风徐来,我便会念起好友玄度。"很简单的一段文字,甚至构不成一段情节,但字里行间却盈溢着一种悠悠的清逸。

被刘尹的这句话打动，不仅是因为文中的思念与友情，还有文言的美，字词的干净，语句的张力。"清风朗月"，初看以为是写景，细琢磨，该是抒情，刘尹是把玄度比作清风朗月。一个人能担得起这样的词，必是品行雅洁；一个人能说出这样的话，除了情深谊长，心境想必也是洁净高远的。

这些年常常被古人的情致触动，读那些文言，读古老的汉字，恍恍惚惚就回到了从前。游走在古人之侧，能清晰地感受到他们心性的沉静与思维的幽远。越亲近，越觉得遥不可及。

清风朗月。有时候想想，那些流淌在历史与经典中的文字、词句，用这个词来比拟是再恰当不过的。

比如"风"，若只是当语言工具来书写

或当一个名词来理解，很简单，很平淡。但若追溯到它早期的字形，内涵就丰富有趣多了。《六书通》载，"风"字由三部分组成，上面是"凡"，据说是"凤"的省略，中间是"云"的简写，下面还有一个"气"字。凤，是传说中的神鸟，羽翼华美，气象尊贵。凤鸟展翅飞翔，所经之处，风起云涌……多美的画面，多么奇妙的意象。若没有几分诗情，怕是想不出这样的景象，造不出这么美好的"风"字吧。

"凡"的简写　　云　　　气　　凤鸟飞翔，所经之处风起云涌

用"凤"来表示"风"，除了发音相近，我更愿想象成是古人对风的尊重。神奇玄奥的《易经》中，有八个基本的卦象符号，除了表示天地水火的乾坤坎离，还有表示雷风山泽的震巽艮兑。智慧的古人把自然归结为这八种物质，并用这八个卦象表示且演绎出人世万物的运行规律。风，能与天地并列，足见古人对它的重视。如此，用华贵的凤鸟来表示"风"，便不见得是偶然与巧合了。

"风"中的"气"字，是表形的部分。甲骨文的"气"和"三"很相似，上下两横表示天和地，中间的横是指事符号，表示天地间流通的空气。后来，为了和"三"字区分，有的金文把上下两横都写成了折画，这就很像是现在的"气"字了。

二 天地 ＋ 一 指事符号 → 三 天地间流通的空气 ＝ 气

再到后来，估计是古人要表达气流的美，把直线都变成了曲线。金文的"风"，下面的"气"便是三条弯曲的线，与上面"云"字呼应成趣，很是婉约。想必古人造这个字时，心里的风，也该是轻轻柔柔的吧。

041

凡 ＋ 虫 → 风动虫生 ＝ 风

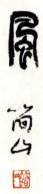

篆书中更常见的"风"是由"凡"和"虫"组成的，《说文解字》里解释为"风动虫生"。没研究过虫子的生长习性，不清楚它与风的对应关系，不过很多植物，比如蒲公英就是靠风来传播种子的。包括春夏的花，若没有风散播花粉，秋天也是没办法结果的。古人觉得风能给万物带来生命与活力，甚至用"化感之本源"来形容，尊崇之情溢于言表。

小时候爬泰山，见过一幅摩崖石刻，写的是"虫二"两个字，不知所云。后来知道是"风月无边"的典故，恍然大悟，亦由此知道了汉字的另一种美好。有"虫"的"风"并不影响风月的美好，所以见到"清风朗月"，仍是会想起魏晋风流，会想起兰亭的曲水流觞，会想起一些人、一些事、一些字，千百年来，各自安好。

043

庄子和鱼的故事

在春秋战国众多的思想家中，我最喜欢庄子。读庄子，不累，只是觉得好玩儿、有趣儿。他说他曾经做过一个梦，在梦里，他是一只自由自在、翩然飞舞的蝴蝶。或许是这个梦太清晰、太真实了，抑或是他太迷恋自己在梦中的逍遥和快乐，醒来时，他有些恍惚，觉得自己没准儿是蝴蝶的一场梦，他自己可能是只蝴蝶。

　　庄子当然知道自己不是蝴蝶，但他很认真地把这件事讲给我们听。喜欢上他，是从这个蝴蝶的梦开始的，因为自己也常常做一些稀奇古怪的梦，常常分不清梦里梦外，常常说一些痴痴傻傻的话。

　　只是这些傻话经庄子说出来，就变成睿智、浪漫了。有一次他和好朋友惠施在濠水的桥上玩儿，看着水里自在游走的鱼儿，不由得赞叹："这些鱼儿真快乐啊！"惠施说："你又不是鱼，怎么知道鱼的快乐！"庄子说："你又不是我，怎么知道我不知道鱼儿的快乐？"有人觉得这是庄子的诡辩，我却觉得他是真的懂那些鱼儿。

　　庄子讲过一个故事，说有个地方，泉水干涸了，在一片仅存的小泥洼里有两条鱼，

045

相互以唾沫湿润对方，延续生命。很温暖的一个故事，不过在我们被两条鱼儿同生死、共甘苦的情境感动的同时，庄子却是在思考另外一个场景——江湖，他觉得它们不如相忘于江湖。

庄子是真懂鱼儿的，真正的悲悯，不是感动于相濡以沫的情谊，而是将它们放归江湖，哪怕两相忘，哪怕对面不相识，但它们会成为快乐的自己。江湖，才是最适合它们的地方。

我教过孩子们"画字"，以甲骨文的形状画出一些事物，画出一个故事。我给孩子们讲了这两条鱼儿的故事，他们把它画成了一幅画儿：一片泥洼，两条鱼儿，嘴里吐着泡泡……

有的孩子，给鱼儿涂上了颜色。还有的孩子，在远远的地方，画了一片江湖……

这样的文字画儿很简单。甲骨文的"鱼"字很形象，有身子，有头尾，还有鱼鳍和鳞片。我们现在看到的"鱼"字，上面就是由鱼头演变而成的，中间的"田"是鱼身和鱼鳍的简化，下面的"一"是鱼尾的简化。"江湖"也好画，用几个"水"字就可以表示了。"水"的甲骨文就是水波的形状，只不过中间的波纹是连着的，两边是断开的。

鱼身　　　鳞片

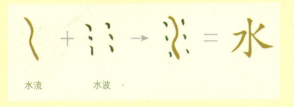

水流　　　水波

在这样的一幅画儿里，我们可以感受到庄子的情怀。

关于鱼儿的快乐，庄子还讲过一个故事，想象过另外一幅宏大的场景：他说在遥远的北极有一条很大很大的鱼，名字叫"鲲"。鲲字右半边的"昆"，金文和篆书都是两个人在太阳下并肩行走的样子，本义为一起、共同，后来引申为子孙后代、众多等义，鲲的本义是鱼苗、鱼卵，后来指古代传说中的大鱼。

049

太阳　　　共同　　　在太阳下并肩　　　昆
　　　　　　　　　　行走的两个人

鲲的身体，有几千里那么长。鲲游着游

着，忽然就变成了鸟，从海里飞起来，到了天上，这只鸟的名字叫鹏。"鹏"字的本义就是传说中的大鸟。包括"鹏"字左侧的"朋"，有一种写法就很像是大鸟，《说文解字》说这个字像凤的形象，据说凤鸟高翔时会有数以万计的鸟群追随，因此"朋"后来有了"朋党"的含义。

凤鸟　　翅膀

鲲能化成鹏，鱼儿能变成鸟，庄子的想象力真是丰富。看来庄子真是喜欢这个故事的，所以把它放在《庄子》第一篇的开头，而且给第一篇起了个名字——《逍遥游》。

很喜欢这个名字，喜欢逍遥。

"逍"和"遥"都是行走时的姿态，《说文解字》说"逍"是鸟儿在天空翱翔的样子，"遥"表示遥远。可以想象：像鸟儿一般展翅翱翔远方的状态是多么的安闲自在、轻松畅快。

或者我们该在刚才的那幅画里再加些什么，在"江湖"里，加一个"子"，在天空中加一只鸟儿……或者，还可以在江湖旁边，加一个迎风而立的庄子。这幅画儿的名字，是不是可以叫做《庄子和鱼的故事》？

在《庄子和鱼的故事》里，我们可以放飞梦想，不只是蝴蝶，不只是飞鸟和鱼，我们是逍遥游的孩子，我们是欢乐自在、真实的自己。

051

鸟儿与飞翔

在《韩非子》中读到过这样一则故事：少年即位的楚庄王，面对混乱的朝政，终日饮酒作乐，不理朝政，有大臣婉转劝谏，说在南方的土山上栖息着一只大鸟，三年了，没见它伸展过翅膀，不飞也不叫，这是咋回事儿？楚庄王笑了笑说，它不舞动翅膀是为了丰满羽翼，不

飞不鸣是在观察，静待时机，有朝一日，它必然会冲天而起，一鸣惊人。数年后，楚庄王果然重振楚国，成为"春秋五霸"之一。

小时候读这故事，觉得那只大鸟很厉害；如今读，觉得古人说话很好玩儿。确实，有些话说得太直，容易伤人，编个故事，又有趣，又和气。说话是门艺术，曲则有情。

古人是有情怀的，包括造字。比如鸟儿，就有好多形态。我们常用的"鸟"是个象形字，嘴、眼、头刻画得很传神，爪子、翅膀、尾翼，还有身体的姿态都非常生动。还有一个字，表示小巧灵动的短尾鸟——"隹"，我们平时见到的有"隹"的字都和鸟儿有关，比如"集"，就是表示好多小鸟儿在树上聚集。此外，燕子的"燕"字也很形象，舒展的双翅、剪刀形的燕尾，体态弯曲飘逸，很美。当然，也有非常复杂的——凤凰的"凤"字，

鸟集燕

053

飞习

高高的顶冠、长长的尾翼，尽显百鸟之王的风范……

鸟身 　　　翅 　　　　　　　　　　　鸟

小鸟"隹" 　　树 　　鸟群栖在树上 　　集

燕身 　　双翅 　　　　　　　　　　　燕

一种动物，被描绘出这么多形状，很少见，估计是我们祖先太喜欢这些能在空中自在飞翔的鸟儿吧，不然，其他的物种怎么没这么丰富的姿态？野兽能奔跑，我们也能；鱼儿能游泳，我们也能。唯独飞，我们学不会，所以羡慕、渴望，所以造出了这么丰富的"鸟"字吧。

不仅如此，古人还用鸟儿来表示很多含义。"飞"就不必说了，高昂的头，平展的双翅，很有些"一飞冲天"的气象。是非的"非"，《说文解字》里说是取了"飞"字下部表示翅膀的部分，意思是左右两翼相背，由此有了违背的含义。还有学习的"习"，《说文解字》的解读是"数飞也"，"数"是反复的意思，所以"习"有了反复习练、应用的意思。

高昂着头	平展的双翅	飞翔	

左翼	右翼	违背	

双翅	太阳	反复练飞	

　　说到意境与情怀，说到鸟儿与故事，我们自然会想到庄子。庄子是最会讲故事的人。前面我们有说到，他说有一种大鹏鸟是北冥的大鱼变化而成的，这只鹏鸟好大好大，背

有几千里那么长，振翅一飞，有九万里那么高，大鹏鸟张开翅膀，像是垂天之云。庄子说大鹏鸟要从北冥飞到遥远的南冥天池去，途中被寒蝉与刚刚学飞的小鸠讥笑：何苦要飞那么高那么远，你看我们，在小树林里飞来飞去，从这棵树飞到那棵树，岂不悠哉！

想想也是，蝉和鸠鸟，虽然飞得不高，但也能享受到飞翔的快乐，于我们而言也是心生艳美的。不过它们毕竟没有达到过大鹏的高远，它们眼里的世界，包括它们经历的美好，终究是有限的。那么，渴望自在翱翔的我们，是希望止于学鸠短飞、低飞的安逸，还是期盼着一飞冲天、扶摇而上万里云端呢？

心之所至，燕雀与鸿鹄，没有谁对谁错。不过，人这一生，若真有机会去飞翔，总该多经历些山川，多体验些岁月。如此，我们的生活才会更丰富、精彩；如此，我们的生命才会更坚实、厚重。我想，一代豪杰楚庄王、千古名士庄周，还有为我们造出那么多带有"鸟"的汉字的古人，心中存放的，该不只是燕雀与鸠鸟的安乐吧。

又是一年谷熟时

北京的深秋，高远清透，空中弥漫着的飒爽让人不自觉地精神起来，长夏的闷郁与不耐烦被秋风吹洗得干干净净，心境也由此豁达舒展了许多。经常能见到路边整排整排的银杏树，金灿灿的，黄得耀眼，好像是在提醒人们收获的季节到了。

我家住在郊外，夜晚时候，静下来，能听到院子里的虫鸣，应该是蟋蟀。蟋蟀又名秋虫。最早的"秋"字，甲骨文的形状就是一只蟋蟀的样子——头、眼睛、触角、身体、腿、翅膀，都刻画得十分清晰，尤其背部的翅翼，很是生动。蟋蟀是靠翅膀的振动摩擦来鸣叫的，秋虫鸣，表示秋天来了，这估计就是古人造"秋"字的初衷吧。有的古汉字，在蟋蟀下加了类似"火"的符号，像是表示初秋时的炎热。篆书时将甲骨文字形中蟋蟀头部的触须写成"禾"，强调秋季禾谷成熟，将蟋蟀身体触须以外的部分写作"龟"，有可能是刻画古人用龟甲占卜来年收成的情景。总之，秋天是收获的季节，人们还是更关注禾谷的收成，所以"秋"字里的蟋蟀慢慢被简化掉了。

061

蟋蟀　　　　　火　　　　　　　　　秋

很少在甲骨文里看到昆虫的造像，蟋蟀是特例。能把一只蟋蟀画得如此栩栩如生，可见古人对昆虫的关注与喜爱了。不过我们现在的汉字里，昆虫的名字大都是形声字，比如蝴蝶、蜜蜂、蜻蜓、螳螂、蚂蚁……这是造字的古人偷懒，懒得再为品类繁多的昆虫画像了，所以只是用"虫"字表形，用同音的字表声。包括蟋蟀，也没有沿用最早的画像，重新造了两个字，可能是古人怕其他昆虫有意见，以示公平吧。

最早的"虫"字和昆虫无关，更像是一条蛇的形状——上面尖尖的是蛇头，下面是弯曲盘绕的身体，表示虫子和昆虫应该是后来的事。甲骨文里还有个和"虫"很像的字——"它"。"它"的甲骨文也是蛇的形状，而且有的甲骨文将蛇头写成"箭号"。有的甲骨文则将"箭号"写成出头的菱形，看起来更形象，下半部分是蛇的头和身子，上面的部分很像是蛇嘴巴里吐出的信子。《说文解字》里解释"它"字说"从虫而长"，大意是"它"属于虫，但比普通的虫要长一些。后来"它"旁边加了"虫"，就成了我们现在看到的"蛇"字了。在我们老家，把蛇称作"长虫"，没准儿跟"它"字的本义有关。

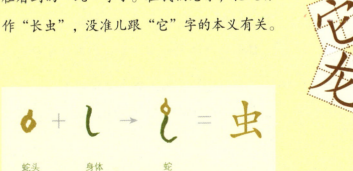

蛇头　　　身体　　　蛇

蛇头　　　蛇身

远古的人类，在没有发明房子之前，大都是穴居、巢居，那时候人们畏惧的除了野兽，恐怕就是"虫"的侵袭了。随着人类的进步，人们不再惧怕虫蛇，但对于"虫"的敬畏仍旧存在。甲骨文中有一个字，身体部分和"虫"很像，只是头部没那么简单，有角、有额、有口、有利齿，还有长长的须，很威猛神气的样子，这个字是我们中华民族的图腾——"龙"。龙是古人想象出来的动物，基本体态用了"虫"的形状，最初应该就是对"虫"的敬畏吧。

龙头　　　　龙身

后来人们不怕"虫"了，甚至还发现了一些虫的好处，比如"蚕"，传说黄帝时期我们的祖先就开始养蚕缫丝了。我小时候养过蚕，眼看着它从黄黄的籽儿变成黑乎乎的虫儿，贪婪地吃着桑叶长大，白白胖胖的，很可爱。再后来看着它作茧、化蛾、产卵，有时会生出些哀怜，想着生命怎么可以如此短暂。

后来读书，读到庄子，读到"蟪蛄不知春秋"，读到"夏虫不可以语冰"，还会想到那些蚕，会想到年少时的哀伤。不过毕竟是长大了，除了感慨，更多的是从庄子那里体悟到"吾生也有涯"的紧迫，会思考在有限的生命里，该如何面对自己，如何经历春耕夏耘，如何在生命的秋季收获丰满的人生。

又是一年谷熟时，听着秋虫的鸣叫，欣赏着沉甸甸的秋色，想着这一年的过往，真是件美好的事。我越来越爱秋天了。

君子很帅

小时候喜欢听大人们聊天、讲故事，偶尔会听到"君子"这个词，不大懂，不过大致知道是说一个人好。后来读《诗经》，读到"窈窕淑女，君子好逑"，觉得君子不只是好，还应该很帅。再后来，读《论语》，又觉得书中谈到的君子和帅不帅好像没什么关系。

君子的"君"字，最早应该是"君王"、"君主"的意思。"君"字由"尹"和"口"组成，"尹"字是手握权杖或事物，表示掌控、治理，下面的"口"表示号令，两个字合起来，就有了发号施令、治理国家的含义。和"君"意思相近的是"王"，"王"的甲骨文是一把大斧头的形状，象征着权威。和"君"对应的汉字是"臣"，"臣"字的甲骨文是一只竖立的眼睛。一个人在低头时眼睛的状态才是竖着的，大概是造字的古人对俯首称臣之人的眼神有所触动吧，所以用这样一个简单、形象、生动的符号来表示臣服之人。

069

手握事物　　　　号令　　　　发号施令
　　　　　　　　　　　　　　　　治理国家

斧头　　　　斧柄　　　　斧头象征权威

眼眶　　　　眼珠　　　　竖立的眼

　　后来人们把天子、诸侯、公卿，甚至分封了土地的人都称为"君"，于是"君"有了"尊贵""尊重"的意思，东汉许慎《说文解字》中的解读就是"君，尊也"。"尊"字的甲骨文也非常形象，下面是上举着的双手，上面像是装酒的容器。双手捧着满满的美酒，高举起来，敬献给心中尊崇的人，便是"尊"字展示给我们的形象。献酒，表示

尊敬，接受敬献的人，除了君王与权贵，应该还有人们仰慕的贤士，所以"君子"这个词从对统治者和贵族男子的统称慢慢演化出对才德出众之人的称谓。

酒坛　　　双手捧持　　　献酒

由君主到君子，经历了很长一段时间的演化。最初人民对君王的臣服，更多的应该是对武力与刑罚的畏惧，但真正的明君是懂得以仁德治理天下的，这样的君王深受百姓的爱戴、敬重。此时，人们对君王的治理是心悦诚服的，所以"君"才逐渐有了尊重的含义，而《论语》中所说的"君子"，正是心存仁爱、处事合宜，如明君般影响世人的人。

看着"君"字字义的演变，有时候会想，其中是不是蕴含着一种文明的变迁？从敬畏力量与权势，到尊重道德与品行，我们的祖先在很久以前就完成了华美的转身，这或许便是传统文化的可贵之处。

君子，成为人们的精神偶像与处世标准，应该是从孔子开始的。《论语》中，常常能看到孔子对君子的阐述——"君子不器"，"君子无所争"，"文质彬彬，然后君子"……很多耳熟能详的句子，细细琢磨，一个伟岸、鲜活、丰满的形象会在我们的头脑里逐渐清晰起来。真正明白了这些话，君子便不再是高不可攀的圣贤，而是变成了随时指导我们言行的亲近的长者与师者。

或许是为了让我们更精确、细腻地认知

073

君子的心性与容貌吧，孔子常常拿"小人"做反面教材。比如"君子喻于义，小人喻于利"，意思是说君子看重的是道义，小人更看重利益；比如"君子坦荡荡，小人长戚戚"，意思是说君子光明磊落，小人常常犹疑不安、患得患失……

一直以来，觉得"小人"是个贬义词，可从孔子描述的"小人"里，我总能找到自己的影子。烦恼了好一阵子后，开始宽慰自己：孔子说的"小人"应该就是普通人吧，不用太自责……如此便心安了好多。不过，在这样的反省中，更明确了自己的目标与方向，我们要去追逐的，不该是如何让人羡慕，而是怎样赢得人们的尊重。能成为人们尊重的君子，或许真的会很帅。

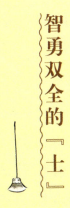

智勇双全的『士』

认识"士"，最早是在象棋里。小时候看大人下棋，棋盘两端有米字格，据说是中军帐，里面有三颗棋子，中间是将帅，两侧是"士"。下棋的规矩，"士"不能出米字格，而且只能走斜线。为什么要这么规定呢？大人们慢悠悠地跟我解释，说"士"是将帅身边最忠诚的侍卫，斜线距离短，有危难时可以最快地挡在前面……

儿时有很多偶像，比如慷慨悲歌一去不还的荆轲，比如长坂坡单骑救主的赵子龙，于是"士"很清晰地在我童年的认知里丰满起来，渐渐成长为正直、侠义、英勇的化身。以至于后来上学，课本里有"士兵"这个词，我都觉得把"士"和"兵"并列，有辱"士"在我心中的形象。

"士"和"兵"应该是有区别的，象棋里的"兵"要冲锋陷阵，且只能勇往直前不能后退，而"士"则自由、高贵得多。真正弄明白它们的区别是在高中，那时喜欢琢磨古文字，发现"兵"的甲骨文是两只手握着类似曲柄小斧的武器"斤"，而"士"的金文上面是手柄，下面是宽宽的、有弧刃的大斧。"士"的金文和"王"的甲骨文很相似，据说这两个字同源，后来才逐渐分化开来。古代，军人所持的武器是可以标志身份和级别的，从这点看，"士"自古就是比"兵"更勇猛、更高级的武士，甚至其威望近乎王者。

手柄　　　斧　　　武器

最早的"勇"字，左边是"用"，右边是"戈"，意思是英武之士持戈而用，无所畏惧。有的金文字形把"用"写成了"甬"，把"戈"写成了"力"，强调了勇武有力、敢作敢当的含义。士与勇经常放在一起，也就是我们说的勇士。勇，是士的象征。

操作　戈　英武之士持戈而用＝勇

汉字里的发现，让我欣喜。再后来，读《论语》，发现"士"还成了品行高洁的代称，近乎"君子"，让我景仰。

孔子的弟子子路曾经问孔子：怎样的人才能称之为"士"？孔子说："切切偲偲，怡怡如也，可谓士矣。"意思是可以和朋友相互切磋劝勉，又能够保持和悦、与人和睦相处的人就可以称之为"士"。

子贡也问过孔子同样的问题，孔子说："行己有耻，使于四方，不辱君命，可谓士矣。"意思是说，一个人能时常审视、检点自己的行为，于过失处感到羞耻且勇于修正，

士勇

仁

奉君命出使四方能够言行得体不辱使命，就能算是"士"。如此，"士"在孔子的认知中，不仅是胸怀宽广、心存仁爱，更应是勤于学习、克己修身且智勇双全的人了。

　　除了品行与处事，孔子还把"士"定义为智慧的象征。《说文解字》中，许慎把"士"字解读为："士，事也；数始于一，终于十；从一从十；孔子曰：推十合一为士。"许慎认为"士"是处事干练、敏锐的人，他说天地之数从一开始，到十结束，"士"便是由"十"和"一"会意而成。他引用了孔子的定义——能够从纷繁复杂的事物中领悟、归纳出"一以贯之"的大道，便是高明的"士"。

人　　　　平等

如此拆解"士"字，倒是有趣。真正的智慧，确实不仅要学识的宽博，更要善于寻找规律，并依此解决问题、处理事务。勇猛、仁德、睿智，三者往往是关联的。大仁方有大智，大智方有大勇，三者合一，便是古人心目中真正的"高士"。

081

梦里依稀归农田

老家在农村，我的童年是在田间
的泥土中滚出来的，直到八九岁时
父母工作调动才进了城。一直觉得
自己身上有一股洗不掉的土气，前
些年才明白，那是儿时留存的无法
抹去的印迹。

我不会干农活儿，但我认得很
多农具——犁是春天用的，牛拉着

耕地；锄是夏天用的，间苗，耘草；碌碡、木锨是秋天用的，轧谷，扬场……那时父母工作忙，我整天和一群小伙伴儿跟着大人们下地，农具成了我们的玩具。我喜欢农村，对泥土尤其亲近，常常能闻出泥土中淳朴、童真与欢乐的味道。

　　"农"字的甲骨文很复杂，上面是草丛，下面是早期的"辱"字，表示锄草开荒。也有的用丛林代替草丛，表示丛林开荒。有的金文，上面加了"田"，周围是草，下面是一双手握着石锄的形状。这个字很有画面感——荒草丛生的郊野，一个人挥舞石锄翻垦土地，他把坚实的土块儿敲碎，甚至细心地围出纵横交错的田埂，平整出一片规整的"井田"……

草丛　　　　锄草开荒　　　耕作

草丛　　　田　　　锄地　　　耕作

　　小时候常常能看到这样的场景。一个字，可以勾起很多回忆。

　　《说文解字》中对"农"的解释是"农，耕也"。细琢磨，"耕"和"农"确实很像，只是将古老的石锄改为一种曲柄类似木叉的农具——耒，且把"田"简化成了"井"。

素 + 井 → 耕 = 耕

农具　　　井田　　　耕作

　　一直觉得"背井离乡"的"井"指的是土地，不是水井。因为"田"字的甲骨文是三横三纵的形状，简化掉边框，就是"井"的模样。离开家乡，就是离开了祖祖辈辈辛勤耕耘的土地，要么流浪漂泊，要么换个地方重新开垦，其中的辛酸与困苦可想而知。古人对养育了自己的那片土地是很有感情的，所以即便是读书人，考取功名做了官，最终也会"告老还乡"——终老于自家"井田"，才是心安的归处。

井栏　　　井中的水　　　水井

农耕之后，便是播种。据说早在尧舜时期，农官后稷便教人们"树艺五谷"，所谓"树艺"，大概就是培育、种植的意思。"树"和"艺"的意思很相似，都是表示栽种树木。"艺"字最早的甲骨文很简单——一个跪坐的人，双手执握草木栽种，到金文时草木下面加了"土"，表示直接种植到土里，再到后来，隶书时候，又加了"芸"字，表示种植之后还要耘草……

草木　　　双手持握　　　栽种草木

　　耕种，耘草，之后便是等待了。眼看着禾谷的幼苗一天天长成，满是欢喜。这时若去田里，能感受到的，是天地间的一片整齐和美。许慎在《说文解字》中说"禾"与"和"的读音之所以相同，即是因为这样的感知。

　　古人说"谷未秀曰苗，已秀曰禾"。很好理解，"苗"字是田里生出了草木般的幼苗，"禾"字是草木上生出了沉甸甸的垂穗，"秀"字下面的"乃"据说是乳房的形状，表示禾谷已灌浆，趋近成熟。这样三个字排列在一起，是个很有趣的过程。

田地　　　草　　　幼苗

禾谷　　　双乳　　　禾谷灌浆

　　禾谷成熟需要"秀"，与"秀"相反的是"秃"，下面的"几"是一个没有头发的人的形状，据说仓颉外出看见一个秃头的人伏在禾田里，于是造了这个字，表示没有结穗的庄稼。如此想来，仓颉也是个有趣的人。

禾谷　　　没有头发的人　　　没有结穗的庄稼

秋天，禾谷成熟，便到了收割的时节。人们背着丰收的禾谷，是"年"字的形状。秋收之后，这一年的劳作便告结束，人们都闲了下来。小时候，整个冬天，到处见的是一小堆一小堆的人，靠坐在墙根下，晒着太阳，不说话，或是闲聊着家长里短的事儿。我听不懂，只在一边瞎玩儿，但也能感觉到那种从心底漾出来的安然与幸福。

想想那时候真是美好，四季分明，忙闲皆悦。田野土地承载着祖先的辛勤劳作，承载着小时候的记忆，在城市里这么多年，梦里仍是儿时那一片片绿油油的农田……

字里赴戎机

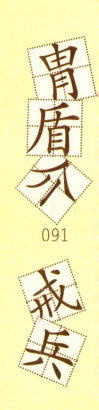

大概是小学二三年级的时候，从父亲新发的工资里拿了十块钱，买了一把塑料手枪。那时父亲一个月的工资也就几十块，我偷的算是巨款。枪是中午买的，晚上就案发了，一顿棒揍。第二天一早，枪就被退回去了，在我手里总共也没几个小时，且大部分时间都是藏在书包里，只能偷偷伸进手去摸一摸，但那种兴奋、自豪、满足的欢喜至今都记得，以至觉得挨顿打也值了。

喜欢枪，源于对军人的崇拜。年少懵懂时，没太多保家卫国的豪情，只觉得唯有征战疆场的将士才算得上英雄。可惜因为眼睛近视，我的从军梦早早就破灭了。戴上眼镜那天我很难过，知道此生与军旅无缘了。后来读书，读到"男儿要当死于边野，以马革裹尸还葬耳"一句，仍会心潮澎湃，心有戚戚。

一直想回到古代，或者也和这事儿有关。那时选拔士兵，好像不考察视力。据说春秋时入伍的标准是能否"胜衣"，也就是能不能身披甲胄行军作战。所谓"甲胄"，是士兵穿戴的护具，像是现在的防弹衣，应该分量不轻。

"胄"字的甲骨文很像是古代将帅的头

盔，下面是"冃"，表示帽子，上面是有竖管的护罩，可以插羽毛、缨饰，标志首领的地位。

帽子 　　　护罩 　　　头盔

"甲"的甲骨文有两种：一种是"十"字的形状，据说表示纵横交叉的握柄，一种在"十"字的外围加了"口"，表示可以持握的护牌。这个字和后出的"盾"字有些相似，只不过"盾"字用了半个框表示护牌，下面加了"目"字表示眼睛，更形象地刻画了手举盾牌护头的意象。到金文时期，"甲"字的"口"写成了半开放的形状；篆书时，"口"

又演化成"勹"，像是穿在身上的铠甲的意思。

握柄　　护牌　　可持握的护牌

护牌　　眼睛　　手举护牌保护头

其实在甲骨文时期也有类似士兵身着护甲的字——"介"。"介"的甲骨文中间是"人"，两侧的四个点表示连在一起的护甲。如此想来，古代的战士，身披甲胄，一手持盾护身，一手持戈作战，很酷的样子。

人　　护甲　　　身披铠甲

　　甲骨文中也有双手持戈的字——"戒"。《说文解字》对"戒"的解读很有意思："戒，警也。从廾持戈，以戒不虞。"意思是保持警惕，以防意外。和"戒"字很相似的字是"兵"，本义是武器，下面也是一双手，只不过"戈"变成了短斧——"斤"。我不了解甲骨文成型时期的军队编制，但从这两个字看来，"兵"像是在前面冲锋陷阵的战士，"戒"像是将领身边的警卫。

戈　　　双手　　　保持警惕

= 戒

短斧　　　双手　　　手持短斧的士兵

兵

　　　"兵"的引申义是"士兵"，与其含义相近的是"卒"。最早的"卒"字，外部是"衣"，里面是"爻"，表示用绳索交错捆绑。《说文解字》里解释是古代供隶役穿的一种衣服，衣服上有标记，以区别于常人。兵和卒都是最基层的人员，都不是发布命令，而是听从命令，冲锋在前的人。

　　　虽然没办法回到从前，但这些汉字，可

以带我去远方，圆我儿时万里赴戎机的梦。年龄渐长，这些梦慢慢也不那么真切了。前阵子看人下象棋，见一方善用卒，几次以一小卒长驱直入，将对方逼至险境，心中大恸，年少时的英雄梦忽然被唤起，几至泪下。或者，此生不必从戎，也不必追逐轰轰烈烈的一世英名，只踏踏实实走好脚下的每一步路，义无反顾，也算是不负过往了。

生命亦是一战场，不问胜负，只照顾好自己，坚持自己正大而光明的梦想，踏踏实实地一步步向前走，义无反顾。如此，或许能够成就最纯粹的自己。

睿智的「商」

099

小学时写作文，标题是谈自己的理想，全班同学几乎都写的是要当科学家。

后来上了初中、高中，偶尔还要写谈理想的作文，班里同学就有了要当医生、老师、解放军等不同的向往。不记得自己当时写的是什么了，总之都是虚的。我三十岁之前没有理想，只是贪玩儿。不过没理想不等于没追求，士农工商中，做不了有知识、有文化的"士"，至少也要做个有技术的工人，对于经商做买卖，从来不会想。

古人大致也是这样的观点。周朝开始，专门从事买卖活动的商人，因其不进行生产活动，地位就比较低下，据说商朝人太注重商业，以致荒废了农事，最终导致灭亡。甚至汉代时，专门有一条法令，商人出门不能穿同一颜色的鞋，必须是一黑一白。少年时读白居易的《琵琶行》，有一句"商人重利轻别离"，记忆甚深。

再后来，又读了些书，发现古人对商人不全是鄙视。比如管仲、司马迁，觉得商业是自然规律，对社会有益。又比如范蠡、子贡，都是很成功的商人，被后人尊崇，甚至被奉为财神。于是我对"商"有了兴致，开始翻字典，查与"商"有关的汉字。

"商"字的甲骨文有几种写法，和现在的字形最相近的，上面是一个倒三角的图形，下面是甲骨文的"穴"，里面有一个"口"。"倒三角"，有人解读是"辛"的简写，表示刑具，如此"穴"便是牢狱，"口"表示讨论量刑。也有人觉得"倒三角"和"口"是"言"的简写，"穴"是囤积货物的仓库，里外两个人在议价、交易。

"言"的简写　　　穴　　　议价交易

这些解读都挺有意思，不过"商"字表示商讨、买卖的意义早在商代就成型了。史

书上说商高祖王亥驯马服牛，发明了牛车，常拉着货物出外交易，所以人们便习惯地称呼外出从事贸易的商部落人为"商人"，把用于交换的物品称为"商品"……

更有意思的解读是《说文解字》，许慎在其中解释说"商，从外知内也"，意思是从外部推断事物内在的情况。这样的释义很有趣，比如商量一件事，确实是通过各自的表面认知探讨事情内在的规律，从而达成一致；而商贸的买卖双方，也是通过评议商品的内在价值而最终完成交易。

经商，离不开"买"和"卖"，这两个字现在看起来很相似，甲骨文的写法却大不相同。"买"字上面是"网"，下面是"贝"，表示用网兜着钱贝买东西；"卖"字上面是"省"，表示观察、思量，下面是"贝"，表示出价、收钱，整个字是说考量价格，以

103

决定是否出售货物。如此看来，"买的不如卖的精"这句俗语早在古人造字的时候就清楚了——买东西的人容易冲动，卖东西的人却是要计算成本和利润的。

网　贝　用网兜着钱贝买东西

观察　出价　考量价格以决定是否出售

这样一琢磨，"商人"这个词便没了贬义。无论是"省"还是从外知内，都在表述商人是要斟酌、思考，把握事物内在规律，做精确的分析与判断，才能经营，才能获利。而一个人若能于事于物常常省察思索，必然会变得聪明、灵活、善于变通。如此说，经商竟是对一个人智商的考验，商人应该是更有智慧的人。

书呆子往往经不了商，应该不全是清高的缘故，更多的是因为不善变通吧。所以我们的学习，最初不必设立具体的职业目标，学会思考判断，学会把握规律顺势而为才是核心。孔子说自己"吾十有五而志于学"，大概也是这个道理。

105

师者的快乐

我是在学校里长大的，父亲是老师，教了一辈子书。父亲很幽默，把物理课讲得妙趣横生，学生们很喜欢上他的课。不过父亲被学生们喜欢不只是因为课讲得好，更多的是父亲爱他的学生。直到现在，逢年过节，家里总会有学生们来，有的年龄都很大了。他们很亲近，如父子一般。

　　我是亲见父亲做老师的辛苦，他爱学生，甚于我们。前阵子我们聊天还谈起这事儿，父亲只是笑。后来他说："这辈子教书，没因为家事或身体耽误过一节课。"在他心里，学生与课，比天大。

　　十年前我开了个书法班，教几个学生写字，至此也做了老师。耳濡目染的缘故吧，我没办法把老师当成一份职业，更多的，是一种责任。

　　记得有一次教学生们写"师"字，讲完横平竖直、左紧右松等笔画结构特点后，我在小黑板上画了"垖"字的甲骨文，让他们猜这个符号表示什么意思。他们七嘴八舌很开心，但都没碰触到本义，直到我慢慢把小黑板翻转了90度，有孩子很坚定地说："山！"我说我们学过的"山"字有三个山峰，

107

可这个字只有两个啊？学生们说："那就是小山！"

"𠂤"的本义就是小山丘。然后我给他们讲"帀"，也就是我们熟悉的"匝"字，表示围绕。"𠂤"和"帀"合起来，就成了"师"——周围环绕着很多小山丘，表示众多。"兴师动众"中的"师"字很接近它的本义。当然，这个成语中的"师"专指军队，古时候的军队也是有编制的，二千五百人为一师，军队中"师"这个名称的由来，应该是觉得队伍很庞大吧。比"师"更大的编制是"军"，从甲骨文中可以看出，"军"不仅仅是人多，装备应该更先进，比如会有很多战车，因为"军"字由"勹"和"车"组成，而"勹"的本义也是包围。

山丘　　　　环绕　　　　众多

车　　　　包围　　　　军队

　　学生们听这些比写字来得有趣，甚至他们会问："那'师'后来怎么变成了老师的含义了呢？"这一点我也不大明白，于是和孩子们一起猜："估计是老师带着一群学生，很像是军队里主帅带领士兵的样子吧……"再后来，我们会聊到古代的老师和学生，会聊到孔子，聊到"子贡尊师""程门立雪"等故事。带着学生们猜字，给他们讲故事，

是那时候生活中最愉悦的事。

　　"师"有军队的意象，所以自古老师教学生都免不了严格、严厉。我上学时顽皮，于是很早便对"严师出高徒"的"严"字深有体会。前阵子看到"严"的甲骨文，活脱脱是我小时候学习的写照。

　　最早的"严"字，上面的"口"表示石块，下面是"山"的简写，左边的竖线应该是崖壁的形状，这三部分是"岩"字的演化。这里的"岩"，一是表声，另一重意思或许是表达坚硬、苛责的要求。"严"字最下面的部分很复杂：一只手，拿着笤帚一类的物件儿，旁边还有一个"口"，分明是边打边训斥的形状。"教不严，师之惰"，严格要求应该是老师的本分。包括"教"，右边的"攵"是一只手拿着棍子，也是"不好好学习，小心棍棒伺候"的意思。这两个字，在我的字

111

典里，大概含义是"高标准，严要求，不听话，要挨揍"。

岩　　　手持笤帚训斥　　严厉

不过细研究，古代的教育和现在还是有根本的不同。比如"严"字里那个人拿的是笤帚把儿，用前面的枝条打人，不会太疼；"教"字中的"攴"，《说文解字》的注释是"轻击也"，明显就是吓唬，不真使劲儿。这和我小时候的感觉不一样，我挨揍挨得很结实，真疼。不知道这种"严教"对别人是否合适，对我还是很有效的，挨一顿打，能老实好多天。

严师慈父，在我成长的经历中往往是同一个人——父亲；很多老师也确实如父亲般关爱着我。我对老师向来尊敬，可能与这样的生活环境有关。

"严"字后来引申出"敬畏""尊重"的含义。《学记》里讲"凡学之道，严师为难"，这里的"严"指的便是敬重。师严道尊，懂得尊重老师，才能敬畏师者所传之道，才能有所学有所悟，继而转化成自己的智慧。否则，最多只是知识的传递，于生命的精进无益。由严苛到尊重，"严"字里不变的是真诚。师与父，以真诚之心待弟子，越是严厉，弟子越懂得敬畏，越懂得感恩。而感恩与敬畏，是一个人生命中不可或缺的品质。

做了十年老师，越来越明白"师者"的内涵、责任与担当。"君子不器"，好的老师，自己不只是做传递知识的工具，也不把学生

113

教成没有思想的"器"。"器"字中间是"犬"，四周的"口"表示物品，需要用烈犬来看护的，应该是贵重的器物吧。拥有丰富的学识与精专的技能固然重要，但若不能从中升华出思想与智慧，不能由此涵养成仁爱的品德与心性，也不是我们想要的生活。所以在我的认知里，真正的师者，是在"授业"的同时带着学生明理、知"道"，带着他们思考其中的转换与生活的应用，其间遇有疑惑，和学生一起探讨，予以开解。一直希望自己能成为这样的"师"。

犬　　　　物品　　　烈犬看护的器物

做了十年老师，很开心。我常想，或者不只是我在教学生，他们也在教我，我深切地感觉到在他们中间我自己的成长。我好像慢慢能体会出父亲辛苦背后的快乐了。

115

在父母的泥土里开出花来

小时候搬过几次家，小村、镇上、县城，去过好多地方。当时以为是父母工作变动的缘故，还有过抱怨，和一批熟悉的伙伴分开，再去认识一批新同学，很不开心。长大了才知道，很多的变动是因为父母希望我们能有更好的学习环境，能接受更好的教育。

这很有点儿"孟母三迁"的意思。我没有孟子那么聪明，父亲是老师，我从小就在学校里住，可成绩并不好。不过现在想来，很感恩父母的良苦用心，很多为人处世的道理，都是来自父母的言传身教。

甲骨文的"教"字和"学"字很像，只是简省了中间的房子和上面的一双大手，右边多了一个"攴"。"攴"字的甲骨文是一只手拿着一根棍子，棍子上还有刺儿。放牧的"牧"字右边也是"攴"，很形象，有人拿着木棍或鞭子在牧牛。不过，"教"字旁边的"攵"很让人想不通，小孩子在那儿学习，干吗还要拿根棍子吓唬呢？孔子不是说学习很快乐吗，有人在一旁举着棍子怎么能快乐？真要不肯学，打一顿就能学好？我不信。

学生学习　　　手持木棍　　　教学

牛　　　　手执鞭子　　　牧牛

　　一直没琢磨明白"教"字右边拿棍子的手是老师的还是父亲的。因为甲骨文的"父"和"攴"的样子很像，也是一只手拿着棍子。而且《说文解字》对"父"的注释是"矩也，家长率教者"，意思是父亲是规矩的象征，是带领、教育子女的一家之长。如此，"教"字右边的"攴"很可能就是父亲的手了。大概是后来实在不忍心打了，把那根棍交给了

老师，请人替自己管教，所以才有了"养不教，父之过；教不严，师之惰"的话。孩子教育不好，归根结底是父亲的责任。至于老师，如果不够严厉，最多是懒，没啥大毛病。

　　总之，无论是师还是父，手里拿根小棍是必须的。

棍子　　　　手　　　手执棍子的人

　　我曾经在黑板上给孩子们画过甲骨文的"父"字，问学生们这个字表示父亲在做什么。有孩子说在打屁股，有孩子说在管教，还有一个孩子，说父亲在保护家人，驱赶野兽……

我被最后一个答案感动了。多么温暖的解读，我宁可相信这是古人造字时真实的想法。最重要的，我想通了教育的"教"，就该是这样的：孩子在学习，慈祥的父亲在一旁护持着、指导着……甚至我还觉得，学习的"学"，上面的那双大手，也该是父亲的吧，是父亲，把"爻"演示给我们看，教给我们天地变化的规律和道理。

再后来，还看到了教育的"育"字。最早的"育"比较复杂，左边是一位双手交叠的女人，右边是头朝下的小孩儿。后来估计是为了表达更准确，女人的头上加了个横，像是别了发簪，大概是表示成年。再后来，还在胸前加了两个点儿，突出乳房的形状，右边倒着的"子"下面也加了几条短竖。这样整个字的意思就很形象了，是一个母亲生孩子的场景：先是羊水流出来，接着孩子的

头出来，然后才是胳膊、身子和腿。这个字是现在的"毓"字，后来经过演变，保留了倒着的"子"，下面用表示肉的"月"替代母体，就成了"育"。所以我们知道，"育"是和母亲紧密相连的。

女　头向下的小孩　生育

倒着的小孩　肉　生育

《说文解字》中对"育"字的解释是"养子使作善也"，意思是说"育"子，不仅要生，还要养，而且还要把孩子培养成一个善良的、优秀的人。这就是母亲的伟大吧！母爱是最无私的，我们从母亲那里获得的不仅是生命，更多的是爱和善良。

如此，父亲教了我们天地间的道理，让我们学会如何和自然相处、如何做事，母亲教会了我们爱，教会我们怎样和善地待人。前者是万物运行的规律，可以称为"道"，后者是一个人的心性与品质，可以称为"德"。父母的"教育"，是"道德"的养成，是为人处世的方法与原则，是让我们成为一个真正的人。

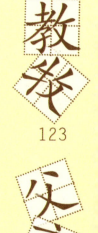

可怜天下父母心，他们是我们生命的赋予者和守护者，是我们人生的导师，是我们值得用一生去学习和尊敬的老师。我们是颗种子，会在父母的泥土里开出花儿来。

懂得分享的「朋」

小时候，冬天里最开心的是放寒假。上了半年学，好不容易放个大假，头几天肯定是疯玩儿；紧接着就是过大年，穿新衣戴新帽，走亲戚放鞭炮，根本想不起来写作业的事儿……那时的"年"比现在热闹，时间也长，从腊月二十三吃糖瓜儿一直到正月十五闹花灯，变着花样

儿地耍，满满都是快乐。难熬的日子就几天——过了正月十五赶作业。

不过，赶作业也没多痛苦，想着很快就能和同学们见面，还是很愉悦的。现在想来，那种愉悦很可能是因为书包里早就装得满满的"存货"，盼着到学校和同学们分享。

童年的记忆里，这种分享的场景很是鲜活。童年的快乐，很大一部分来自这种纯粹、朴实的友谊。

125

后来才知道，我们很熟悉的朋和友，两个字虽放在一起，像是不可分开，其实并不是一回事。《礼记》里说"同门曰朋，同志曰友"，"同志曰友"容易理解，甲骨文的"友"是两只伸向同一方向的手，表示两个人志向相同，握手结交，通力协作。"同门曰朋"就值得琢磨了。

右手　　右手　　志向相同的两个人

　　朋友的"朋"，古代指的是同学。"朋"的甲骨文有两种写法。一种是一根绳子上挂了两串相等的玉石或贝壳。玉石自古就很珍贵，而贝壳则是最早的钱币，古代货币单位，以五贝为一系，两系为一朋。还有一种写法是在"朋"的旁边加了个"人"，好像是一个人拿着两串钱。古人认知的"朋"到底是什么含义呢？也许是要表示公平交易，用钱币交换等价的物品？这么说来最早的朋友之谊也许都是在公平交换中逐渐培养出来的，继而建立起相互信任、相互依赖的关系。再或者，这个"朋"字只是要表示一个人在把美好的事物分享给朋友？

拜 + 勹 → 拜 = 朋

两串贝壳 　　　人 　　　人拿着钱

　　无论如何，懂得分享才会有朋友，太自私的人往往孤单。真正的朋友，该是互相助益、共同进步的，一味地付出或是索取，都很难长久。想起儿时的愉悦，也是有分享，有互换，大家都喜欢，友谊才更绵长。

　　不只是"存货"的分享，知识的交流、兴趣的相投、思想的碰撞、精神的支撑，都算是一种彼此的助益吧。这样想来，同学和"朋"就有了关联。如此说，古人认为的"同学"，该不只是师从同一个老师，还要像"朋"

一样相互切磋、学习，共同进步。

　　《论语》中孔子说："有朋自远方来，不亦乐乎。"明白了"朋"的含义，才真正懂得孔子的"乐"——有同学从很远的地方来，和我们分享、交流自己对生命的体悟，一起切磋、探讨天地人事的道理，当然是极有益、极快乐的。

　　朋友相交，最怕是"我"。"我"字的甲骨文是一件兵器的形状，主体是"戈"，左侧加了锯齿，该是更加凶悍的武器。一个人太过自我，就如同随身带着一件兵器，与人相处伤人，与己相处伤己。《论语》中有"子绝四：毋意、毋必、毋固、毋我"的句子，意思是孔子有四件事是杜绝的——不主观臆断、不绝对判定、不固执己见、不太过自我。细琢磨，核心只是一个"我"字。

友朋

129

我

戈　　　　锯齿　　　　武器　　　　　我

认真体会"朋"、"友"和"我",更好地和同学相处、和朋友交往,让"我"成为懂得分享、互相帮助的人,如此才能收获有朋友的快乐。

端
午
五

农历五月，有一个很重要的传统节日，关于它有很多传说、很多习俗：古时候，人们会在这一天悬挂艾叶菖蒲，会饮雄黄酒吃粽子，会蓄兰煮汤沐浴，会欢聚在河边看赛龙舟；传说这个节日是为了纪念屈原，也有人说是为了纪念伍子胥、曹娥……总之，这个节日是在农历的五月初五，我们称之为"端午"。

直到今天，人们都没考证出"端午"的起源，只知道最早关于这个节日的记载距今已有两千多年了。最初的时候，人们大概不觉得这是个欢庆的日子，相反倒觉得需要祛毒辟邪。这其中的原因我们或许可以在"端"和"午"的甲骨文中一探究竟。

"端"字右边的"耑"，《说文解字》解读为植物初生的形状，很是贴切。看"耑"字最早的字形很像一幅图画，中间一横表示了地面，下面是植物的根须，上面是伸展出的枝杈。后来引申为开端、开始的含义。更有趣的是，在最早的写法中总会把地面上的枝杈画得有些歪斜，可能是为了形象地表示草木之初、尚未端正的形态。但是植物生长在这个阶段，最重要的就是生长方向，如果最初伸展出的枝杈就是歪的，以后就可能会长成一棵歪脖树了。后来古人在"耑"字左边加上了个"立"字，就有了"端"字，表达正、直的意思。立字的结构上面是个大人的大，下面是一横表示坚实的地面，立字形象地表示出一个大人稳稳地站在地面上的样子，也象征着事物在开端就要立得正。

地面上生出的枝桠 ＋ 根须 → 植物初生 ＝ 耑

立 ＋ 开端 → 端正 ＝ 端

耑端

午五

133

端午的"午"字的甲骨文看起来像是绳索的形状，有人说是古时候的驭马索，是用来把跑偏的马匹拉回来的绳索；也有人说像杵棒上有两个横结，以增加在臼中舂米的摩擦力，本义是：有横结的舂米棒。《说文解字》解释："午"是逆反之意，代表五月，这时地里的阴气从地面冒出，逆反阳气。而五月初五的"五"字最早的写法是上下两横，中间有一个交叉的符号。据说上面一横表示天，下面一横表示地，中间交叉的符号表示阴阳在天地间交午。

丝绳　　　手柄　　　驭马索

二（天地） + X（阴阳） → X（天地间阴阳二气交午） = 五

　　几千年来，中国传统文化的核心思想都是根植于这样的象意思维。在古人的概念里，阴气应该下降于地，阳气应该上升于天，而五月初五端午时节，阴气冒出地面冲撞阳气，这并不合乎自然之道，所以人们觉得这是不吉利的。由此我们也可以看出当时人们并没有把端午当作一个值得庆祝的节日，之所以会有悬挂艾叶菖蒲、饮雄黄酒的习俗，为的是在这一天祛毒辟邪。

　　在端午这样一个古人看来不算吉祥的日子，我们应该做些什么呢？

　　"端午"这个名字本身就已经告诉了我

们答案，那就是去做好"端"，从端字中体会堂堂正正地做人、磊磊落落地做事，养胸中浩然之正气，做到端正，就是在驱逐邪恶了。

自在的「游」

八月初有个节气，名叫"立秋"。我觉得，这是二十四节气中最名不符实的一个。所谓立秋，该是夏去秋来的标志，可事实上，这时节不是一般的热，没一点儿秋凉的影子。

我生来怕热，不大喜欢夏天，尤其是"三伏"。立秋就在三伏里，明明暑热难耐，偏起个"秋"的名字，给人虚幻的希望，不厚道。倒是之后的"处暑"来得实在。"处"有停止的意思，确实，处暑之后，秋意渐起，空气中才慢慢有些凉爽的味道。

八月颇热，人也慵懒，值得欣慰的是有个暑假，可以不用学习，可以散漫地玩儿，可以去旅游。我喜欢旅游，即便是炎热的夏天。

"旅"的甲骨文，左面是一杆高高飘扬的旗帜，下面是两个"人"组成的"从"，表示追随。那杆旗应该是战旗，旗下跟随的人，该是行军征战的士兵，在这个字的意象里，满是艰辛。

139

旗帜　　　从　　　征战

"游"字给人的感觉便好了许多。"游"的本字是"斿"，甲骨文的"斿"字左边也是一杆旗，只是旗下面不是征战的士兵，而是表示儿童的"子"。孩子举着旗，该不是要去打仗，也不像是过家家的样子。有人说这是古代的学子外出游学，旗子是部落或宗族的标志，类似现在的护照。这样的解读很有意思，古人确有游学的风尚，孔子带弟子周游列国便是典型。《史记》上说"游学博闻"指的也是游历、学习以增长见闻。

旗　　　学子　　　游学

小时候随父母旅游，不觉得累，但也没觉得多了阅历，只是换了个地方玩儿。年轻时自己去旅游，很紧张，从一个远方奔赴另一个远方，翻着地图，跋山涉水，像极了征战。如今少了征服山川城池的欲望，也少了许多对风景人文的新鲜，仍喜欢旅游，更多的是沿着先贤的足迹追摹他们的思想。如此想来，我对旅游的体验，竟是由"旅"向"游"的过渡了。

　　发展到篆书后，"斿"的旁边加了"水"，就有了现在的"游"字。我更喜欢这个字的形状，虽然复杂了些，但见到"游"，总能想起小时候和伙伴们在河里游泳的场景。小时候没有游泳馆，天热时，最快乐的事便是三个一群五个一伙儿去河边，迅速脱成光屁溜儿，一个猛子扎进河里，一会儿，又像鱼似的露出头来，然后便是没技巧地瞎扑腾，最常见的是"狗刨儿"……既不讲究也没有任务，游得那叫一个自在。

游　水　　游水

那时真是自在，以至于后来读《论语》，读到孔子说"游于艺"时，还能想到一堆小屁孩儿在河里"狗刨儿"的欢乐。估计孔子也是会"狗刨儿"的吧，至少他懂得游泳时的快乐，所以才会用"游"来教导弟子，他觉得学"艺"，该是无拘无束、活泼自在的。

我们当下的学习，或许是少了这份自在，被书本、习题和考试束缚得太紧了，"游"不动，很容易淹没在知识的海洋里。古人说

143

"读万卷书，行万里路"，书读得累了，到处走走，体会一下"游"的快乐，体验一下书本上的知识在生活、自然中的应用，或许是回归自在的好办法。

礼乐中的脊梁

我见过的最隆重的庆典，是国庆节的阅兵式。还记得小时候，全家人早早地守在电视机前观看国庆阅兵直播的情景，小小的电视里透出特有的庄严与肃穆，齐整的方队、雄浑的军歌可以点燃胸中的激情，一种强大的民族自豪感也油然而生。

"国庆"这个词早在西晋就有记载，不过古代的国庆是指帝王即位与诞辰，如今的国庆是指中华人民共和国成立的纪念日。

不知道古代国庆是否举行阅兵，但传说早在四千多年前，夏部落首领禹与各部落首领在涂山会盟时，就安排士兵们手持各种用羽毛装饰的兵器，和着乐曲边歌边舞以示庆贺，这应该就是最早的阅兵式了。

夏禹的这次"阅兵"，可以算是部落会盟的典礼，也可以看作是自己部落军队实力的展示。一个部落，乃至一个国家的尊严，有时候是需要以这样庆典的方式呈现的。

甲骨文的"国"和"或"是一个字，中间的"口"表示城池与疆域，右边的"戈"即是保护城池的军队。后来，"或"表示疆域的本义消失，才在外面加了"口"，另造了"国"字表示有武力护卫国家。可见，国家的疆土、百姓的安全，是离不开强大的军队的。而阅兵式，是弘扬国威、军威的重要方式。

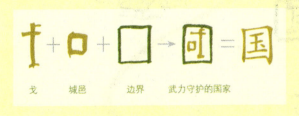

戈　　城邑　　边界　　武力守护的国家

当然，国庆阅兵，除了展示力量，更重要的还是庆祝。国庆的"国"字很威严，"庆"字却很可爱。甲骨文的"庆"，很像是一个眉开眼笑的人手持宝贝、财物前往祝贺的形状，很喜庆。后来人们误将眉眼写成鹿头，将表示财物的"贝"写成"心"，于是有了繁体的"慶"字。

147

眉开眼笑的人　　宝贝　　　　手握宝贝
　　　　　　　　　　　　　　　前往祝贺

国庆阅兵是一种仪式，也是一种"礼"。最早的"礼"字，上面是打着绳结的玉石，下面是"壴"，是有脚架的鼓的形状，表示击鼓献玉敬拜神明，后来又在左边加了表示祭祀的"示"，突出了隆重的祭献的含义。

鼓　　　　　玉石　　　　击鼓献玉

"礼"是一种仪式，这种仪式中离不开

"乐"，"礼"字中的鼓即是祭礼中的乐器。
"乐"字的甲骨文，上面是"丝"，下面是
"木"，像是有丝弦的琴木的形状，后来的
金文，又在"丝"的中间加了表示说唱的"白"，
有了边奏乐边歌唱的含义。

丝弦　　　　　木　　　　有丝弦的琴木

　　古人很注重礼乐。孔子那个年代，学生
学习的基础课程便是礼、乐、射、御、书、
数。不过孔子把演礼、奏乐这种基本技能提
升到了品德修养的层面。《论语》中孔子说：
"人而不仁如礼何，人而不仁如乐何？"意
思是一个人关于礼乐的修养，应该是与仁爱

的修养相关的，否则便是徒具其形，没有实质意义。如同国庆阅兵式，我们虽没参与其中，但若是心中有对祖国的爱，观看典礼时必然充满了激动与自豪，也必然会生出由衷的爱国情怀。这也充分体现出"礼"与"仁"是互为表里的关系。

孔子的弟子有子说过："礼之用，和为贵。"意思是演礼的目的和功用，是为了和谐、统一。我们国家的全称是中华人民共和国，其中也有一个"和"字。在国庆的"阅兵礼"中，我们若是能用心感受，收获的将不仅是尊严与自信，更能体会到中华民族凝聚的力量，体会到中国人民向往和平的意志。而这些，是每一个中华儿女精神的脊梁。

国爻

151

礼乐

我们的生命，我们的根

三月有个节日——植树节。小时候，这一天是真要去种树的，一个班一块地、一捆树苗，三五个同学一组，挖坑、植树、浇水，要忙上大半天。但这是很快乐的事，看着自己种的小树一天天抽枝，发芽，生出新的叶子，满是欣喜与骄傲。现在想来，真正地感知自然与生命的力量，就是从那时候开始的。

我国古代好像就有"植树节"，不过不在三月，是清明节那天。古人有清明节"插柳留春"的习俗，民间也有"植树造林，莫过清明"的农谚，估计是因为清明节气，天气回暖、万物勃发生机的缘故。

其实"树"字最早是个动词，本义就是植树。甲骨文的"树"，左上方是"木"，下面是表示盛器的"豆"，右边是一只手的形状，三部分合起来，表示人把小树种植到盛器里。后来人们在它的左侧加了木字旁，表示"植树"的含义。我们平时说的"十年树木、百年树人"用的就是"树"字的本义。

树木　　盛器　　手　　种树

古时候表示一棵树的字是"木"。甲骨文的"木"，树枝、树干、树根一应俱全，既简单又形象。和"木"字相关，有几个很好玩的字，比如本、末、未……

枝干　　　根　　　树木

"本"字最初是在"木"字下面表示树根的三个杈上各加一个指事的点，用米突出强调树根的部位。后来在小篆字形中，三个点简化成了一条横线。"本"的本义是树根，和它相对的字是"末"，是在表示树梢的部位加一个指事的点。成语"本末倒置"，意思就是颠倒了树根和树梢的位置，比喻做事

不分主次轻重。

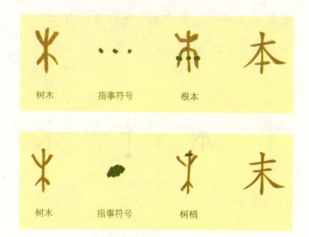

树木　　　指事符号　　　根本

树木　　　指事符号　　　树梢

　　"末"字看起来和"末"字很像，但它们的意思全然不同。"末"的甲骨文是在"木"的树杈上部又加了一组枝丫，表示枝叶茂盛的样子。有意思的是，《说文解字》中许慎对"末"字的解读是"末，味也"，估计是觉得枝繁叶茂的大树看起来很有味道吧。不过大树虽然繁茂，毕竟还没有结果，所以"未"字后来引申出否定的含义，我们常用的"未必""未来"等词中的"未"，就是表示出不确定的意思。

树木　　　树枝　　　枝叶丰茂

有时候想想，古人造这些字也真是好玩儿，看起来简简单单的，背后却藏着很多需要慢慢琢磨才能发现的奥秘。

和树木有关的这几个字中，古人很重视的是"本"。《论语》中有"君子务本，本立而道生"的语句，意思是说君子很重视事物的根本，把握住根本，大道会自然而然地

生长、建立起来。树根藏在地下，往往是隐而不见的，可恰恰是这些容易被忽视的根须，供给了大树营养。

说起来，我们的生命和这些树木真的很像，生根、发芽、抽枝、开花、结果……这一生的成长、进步与成就，离不开茁壮的根脉。而我们的根，是几千年来不断传承和发展的传统文化。守护住这条根，我们的民族才会有更美好的未来。

空闲时，我们该出去走走，去亲近一下树木与自然，去感受一下生命的生机与力量。或许，能让我们的生命变得更坚实、更健硕。

新年谈「新」

159

写这篇文章，是因为意识到又是新的一年了。小时候日子过得慢，总盼着长大，可真的长大后，又觉得日子过得太快了。在岁月流转的节点，感叹光阴的同时，更多的还是欢欣，因为日历是新的一本，于是日子也显得新鲜了。

有些事物，有些景象，是可以

感染情绪的，比如新年，比如新日历，比如"新"字。"新"看着就那么干净，心生欢喜，包括它组成的词——新鲜、新颖、新奇……满溢着生命的力量。那么，"新"字最早是什么样子呢？

甲骨文的"新"，左边由"辛"和"木"组成，右边是"斤"。"辛"是一种类似刺刀的刑具，下面是木柄，上端是刀刃，据说是给奴隶或罪犯刺字的刑刀，所以后来引申出辛苦、辛辣的含义。"斤"的字形很像是一把斧头，尖尖的斧刃，弯弯的斧柄。斧头的"斧"字应该就是在"斤"的基础上造出的形声字。

Ұ ＋ 火 ＋ ㇅ → 新 ＝ 新

刑具　　树木　　斧头　　修剪树木

彩

说到"斤",想起庄子讲的一个故事。说在一个叫郢的地方,有个人鼻子上沾了一层薄薄的白灰,他让一个匠人朋友用斧子削掉白灰。匠人把斧头挥舞得如风般呼呼作响,很轻松地砍削掉白灰而丝毫没有伤到鼻子。据说宋元君听闻此事,召见匠人,想亲眼见识他的奇技。可是,匠人说他曾经能做到,但如今跟他配合的那个人已经去世,再也找不到可以放心让他用斧子去削鼻子上白灰的人,所以没办法再演示了。这个故事就是成语"运斤成风"的由来,我也是在这个故事里才知道"斤"是斧头的含义。

由斧头、刑刀、木头组成的"新"字,看起来像是劈木取柴的意思,所以有人说这个字是薪火的"薪"的本字。也有书上说"衣之始裁谓之初,木之始伐谓之新",意思是"初"字是刚开始拿"刀"裁剪"衣","新"

字是刚开始用"斤"砍伐"木"，所以都有新始的意思。这样的解释倒是更合乎"新"字甲骨文的形象和我们熟悉的含义。

和"新"含义相反的字是"旧"。"旧"字甲骨文的形状很有趣，上面是一只有冠的鸟，下面很像是凹洞的形状。一只鸟不在树上筑巢，找一处凹洞栖身，看来是一只懒惰的鸟。这只懒鸟找到的洞穴是原本就有的，所以这个字有了故有、故旧的含义。

有冠的鸟　　　　凹洞　　　　鸟栖息在凹洞里

　　故旧的"故"也是原来、过去的意义。"古"字上面的"十"最早只是一条竖线，古人结绳记事时一条垂悬的绳线表示一件完整的事情，有完满、很多的含义，所以加了"口"的"古"字表示经过无数代先人口口相传的遥远的过去。金文时，"古"右边加了表示击打的"攴"组成"故"字，像是强调人为使之成为过去。

十　　　传说　　　击打　　　过去

《论语》里孔子说"温故而知新"，意思就是温习原有的知识，并能从中有所启发，领悟到新的内容。当然，也有人把"温故知新"解释为温习旧的同时学习新的。之所以我更喜欢前面的释义，是觉得"故"中生"新"

不只是学习的状态，更是一种深入思考的过程。我们的成长与学习，或者很需要这样的思考。比如"新"字，慢慢琢磨，没准儿还有修剪枝叶的意思。经过修葺的树木，会焕然一新，可以更笔直、健硕地成长。

如果"新"字真有修枝剪叶的含义，那在新年伊始，我们是不是也可以想一想过去，看有哪些事、哪些优点应该继续坚持，看有哪些缺点应该修改、校正。如此，才不辜负"新"字给我们的启示，才能重新打点行囊，以更正大、阳光的姿态踏上新的征程。

165

后　记

一直觉得，国学只是生活。传统文化，甚或是所有的教育，若是脱离了生活的土壤，不可能生根，没办法传承。我理解的国学，包括汉字，需要低到尘埃里，然后才能开出花来。

写汉字与生活的系列文章，源于人教社《少儿国学》杂志的专栏约稿。杂志每期一个关键字，比如日月星辰、风雨雷电，比如花鸟鱼虫、士农工商……我写的专栏是"那些字"，从汉字的角度阐述这些主题。我倒是喜欢这样的命题作文，一是不用费心琢磨写什么，二是在一个点上的深入和拓展，可以锻炼思维、丰富见闻。当然，更重要的是可以逼着自己写些东西。

其实这些主题大部分是在平时的汉字课上讲过的，

梳理成文字，也算是一种记录。写这些文章，是想通过汉字，带孩子们感知天地、体悟万物、了解人文。我不善于知识性的讲授，看待人与物，我总没办法置身事外，会不自觉地融入其中，会动情。这样的感性，不都是好事，常常会导致认知的局限与不客观，甚至会落入好为人师的俗套。

不过我觉得孩子们或许能从这些文字中感觉到一种温度，在习惯了理性地分析与评判之后，试着用柔软的心去触摸日月山川、花草树木，以至古往今来、思想精神，可能会剔除冷漠与功利，会养出一份情怀，生出一份智慧。而生活，恰恰最需要这样的情怀与智慧。

写这些文章，没想着教化，只希望能传递一丝生活的态度与情趣。

田舍之
戊戌夏至于潮白河随寓

图书在版编目（CIP）数据

汉字与生活 / 田舍之著 . —上海：少年儿童出版社，
2018.12
（汉字中国）
ISBN 978-7-5589-0500-1

Ⅰ.①汉 ... Ⅱ.①田 ... Ⅲ.①汉字—少儿读物
Ⅳ.① H12-49

中国版本图书馆 CIP 数据核字（2018）第 262991 号

汉字中国

汉字与生活
田舍之 著

简　山 绘图
赵晓音 装帧
梁　燕 策划

责任编辑 霍　聃　美术编辑 赵晓音
责任校对 陶立新　技术编辑 许　辉

出版发行 少年儿童出版社
地址 200052 上海延安西路 1538 号
易文网 www.ewen.co　少儿网 www.jcph.com
电子邮件 postmaster@jcph.com

印刷 天津旭丰源印刷有限公司
开本 787×1092　1/32　印张 5.625　字数 58 千字
2022 年 3 月第 1 版第 3 次印刷
ISBN 978-7-5589-0500-1 / I · 4378
定价 35.00 元